MAURO IORIO

FITNESS ALL'ARIA APERTA

Come Imparare a Conoscere e Allenare il Proprio Corpo nel Modo più Efficace e Salutare

Titolo
"FITNESS ALL'ARIA APERTA"

Autore
Mauro Iorio

Editore
Bruno Editore

Sito Internet
http://www.brunoeditore.it

Tutti i diritti sono riservati a norma di legge. Nessuna parte di questo libro può essere riprodotta con alcun mezzo senza l'autorizzazione scritta dell'Autore e dell'Editore. È espressamente vietato trasmettere ad altri il presente libro, né in formato cartaceo né elettronico, né per denaro né a titolo gratuito. Le strategie riportate in questo libro sono frutto di anni di studi e specializzazioni, quindi non è garantito il raggiungimento dei medesimi risultati di crescita personale o professionale. Il lettore si assume piena responsabilità delle proprie scelte, consapevole dei rischi connessi a qualsiasi forma di esercizio. Il libro ha esclusivamente scopo formativo.

Sommario

Introduzione

Ho deciso di scrivere questo corso per dare un riferimento valido a tutti coloro che vogliono iniziare a praticare attività fisica all'aperto o che già lo fanno da tempo ma non hanno una programmazione da seguire e, cosa più importante, si allenano senza conoscere bene il loro corpo.

Mi occupo di preparazione fisica e atletica e questa è la mia professione. Tutto ciò che so è frutto di studi accademici, corsi di formazione e di specializzazione insieme a un'esperienza su campo dove ho imparato a distinguere gli aspetti importanti e fondamentali dalle mode e dalle dicerie che affollano questo settore. Se sarai abbastanza determinato da leggere con attenzione questo corso, arrivando fino alla fine, conoscerai tutto ciò che ti serve per iniziare ad allenarti con il tuo corpo nel modo più efficace e in tutta sicurezza. In un'unica parola, in modo **funzionale**!

Ho inserito ben **121 foto**, ognuna delle quali è commentata e descritta ampiamente per farti comprendere al meglio la tecnica di esecuzione di ogni movimento, prestando attenzione alla *respirazione* e seguendo alcune *avvertenze* particolari per gli esercizi più a rischio. Questo perché allenarsi è importante ma lo è ancora di più **allenarsi senza infortuni**!

Inoltre, per renderti più agevole la lettura ho suddiviso le immagini degli esercizi in due sezioni: un capitolo dedicato al mondo delle donne e uno a quello degli uomini. Ho poi preferito dedicare un capitolo a parte alla trattazione specifica dell'*allenamento dei muscoli del tronco* (addominali e lombari) e anche un capitolo sull'*allenamento a coppie*, nell'eventualità decidessi di svolgere il tuo training con un partner. Potrai andare direttamente al capitolo che ti interessa subito dopo aver letto il capitolo primo.

Nella parte finale del corso ho inserito **4 programmi d'allenamento** costituiti da alcuni degli esercizi descritti. A seconda del tuo obiettivo, potrai utilizzarli seguendo i consigli per trovare la giusta intensità e progressione in rapporto al tuo livello di forma. Spero che con questo lavoro ti possa trasmettere la mia passione per l'**allenamento a corpo libero**, fornendoti le conoscenze necessarie per impostare al meglio le tue sessioni di esercizi. Voglio inoltre ricordarti che la tua piena soddisfazione sarà, già da sola, la mia massima gratificazione per il successo ottenuto.

E adesso non mi resta che augurarti una BUONA LETTURA!

Mauro Iorio

CAPITOLO 1:
Come iniziare ad allenarsi

Prima di passare in rassegna gli esercizi che ti permetteranno di migliorare il tuo fisico, voglio ricordarti una cosa molto importante: **la tutela della tua salute**. Proprio perché inizierai ad allenarti senza la supervisione di un istruttore o di un personal trainer, che normalmente ti assisterebbe in una sala pesi, dovrai essere sicuro di poterti allenare in condizioni di salute ottimali.

Se non ti sei già sottoposto a esami medici per il rilascio di un **certificato di idoneità all'attività fisica**, o se l'ultima volta che il medico di famiglia te ne ha consegnato uno risale ai Giochi della Gioventù delle Scuole Medie, allora affrettati a farlo subito! Avrai così il nulla osta da parte di un professionista della salute alla pratica di questa attività, con i dovuti accorgimenti nel caso ti venisse riscontrato qualche disturbo e/o caratteristica psicofisica di cui prima non eri a conoscenza.

SEGRETO n. 1: prima di iniziare qualunque attività fisica è fondamentale sottoporsi a una visita medica per un controllo della propria condizione psico-fisica.

Un altro elemento da considerare è l’**abbigliamento**: vestiti comodo, con un paio di scarpe tecniche (quelle che usi per correre vanno benissimo) in buono stato. Una suola consumata potrebbe essere pericolosa sulle superfici degli spazi aperti come prati e sterrati, specie nei mesi più piovosi.

L’abbigliamento ideale è quello che ti permette di mantenere una temperatura corporea confortevole in rapporto alle condizioni climatiche esterne. Recati in un qualunque negozio sportivo all’avanguardia e, con gli indumenti giusti, sarai in grado di allenarti tranquillamente anche a 0° C! Sempre nei mesi più critici (inverno e primavera) ti consiglio per esperienza di infilare in borsa un pratico K-way, che ti proteggerà da vento, pioggia e umidità, in questo modo nemmeno un temporale riuscirà a farti demordere dal tuo training a corpo libero!

SEGRETO n. 2: allenarsi all’aperto richiede un’attenzione

particolare all'abbigliamento, che deve essere confortevole, resistente e adeguato alla temperatura esterna.

Senza entrare nello specifico dell'argomento alimentazione (per la sua trattazione ci vorrebbe un corso a parte), voglio spendere due parole sull'importanza della corretta **idratazione**.

Il nostro corpo è costituito per la maggior parte da acqua, circa il 60%, e per la sua salute è bene che tale quantità rimanga il più possibile costante.

Ora, se immagini una persona che si allena per dimagrire, quindi con lavoro aerobico di durata, in piena estate, senza bere in misura adeguata... quale pensi che sarà il risultato della sua azione? Di certo non centrerà il suo obiettivo e ancor peggio rischierà di danneggiare il suo fisico!

Prima di partire per il tuo allenamento dunque, assicurati di avere con te una bottiglia d'acqua, che potrai lasciare comodamente in auto, nei mesi caldi come in quelli più freddi.

SEGRETO n. 3: per ottimizzare i tuoi allenamenti al parco, a prescindere dall'obiettivo, dovrai sempre nutrirti in modo corretto, senza dimenticare l'importanza di un'idonea idratazione.

Per ultimo, potresti dotarti di un **cardiofrequenzimetro**. Andrà benissimo il modello a fascia con ricevitore da polso, comodo, economico e facile da usare. Non è indispensabile nei primi periodi di allenamento ma diventerà molto utile man mano che il tuo livello di forma progredirà: per esempio, se vorrai tenere i tempi di percorrenza nella corsa, con monitoraggio continuo della tua frequenza cardiaca. Un investimento valido dunque, sia per il tuo Fitness che per la tua Salute.

Ora ti lascio alla lettura degli esercizi, che ho suddiviso in due categorie, per differenza d’intensità:

- **Esercizi a Basso Impatto**, adatti a chi si trova un po’ fuori forma, chi è sedentario o non ha alcuna esperienza con l’allenamento fisico in generale;
- **Esercizi ad Alto Impatto**, indicati per soggetti in buono stato di forma, atleti, persone già esperte provenienti dal Fitness, dalla Pesistica e/o dal Body Building.

È molto importante che inizi i tuoi allenamenti con un’intensità adeguata al tuo attuale livello di forma.

SEGRETO n. 4: trova l’intensità di allenamento più giusta per te svolgendo solo gli esercizi più adatti al tuo stato di forma attuale.

Ho denominato ogni esercizio per rendere più facile la consultazione dei programmi che ho preparato per te e che puoi trovare al Capitolo 6. Ti ricordo inoltre che per ciascun esercizio ci sono più scatti di foto che rappresentano le fasi di esecuzione, con annesse brevi istruzioni di svolgimento, dal linguaggio di scrittura volutamente semplificato e senza termini tecnici, al fine di rendere comprensibile il tutto anche ai non addetti ai lavori.

Vai subito al capitolo che ti interessa:

RIEPILOGO DEL CAPITOLO 1:

- SEGRETO n. 1: Prima di iniziare qualunque attività fisica è fondamentale sottoporsi a una visita medica per un controllo della propria condizione psico-fisica.
- SEGRETO n. 2: Allenarsi all'aperto richiede un'attenzione particolare all'abbigliamento, che deve essere confortevole, resistente e adeguato alla temperatura esterna.
- SEGRETO n. 3: Per ottimizzare i tuoi allenamenti al parco, a prescindere dall'obiettivo, dovrai sempre nutrirti in modo corretto, senza dimenticare l'importanza di un'idonea idratazione.
- SEGRETO n. 4: Trova l'intensità di allenamento più giusta per te svolgendo solo gli esercizi più adatti al tuo stato di forma attuale.

CAPITOLO 2:

Gli esercizi per Lei

Gli Esercizi a Basso Impatto

Esercizi a basso impatto per la parte inferiore del corpo

Slanci in quadrupedia (n. 1)

Posizionati in quadrupedia con mani e ginocchia in appoggio, quindi solleva una gamba dietro in posizione di partenza (come in foto).

Slancia la gamba indietro, estendendo il ginocchio, fino alla posizione parallela rispetto al suolo.

Richiama la gamba flettendola sulla coscia, per tornare in posizione di partenza. Completa la serie ed esegui con l'altra.

Respirazione: espira durante la prima fase (estensoria), inspira in fase di ritorno.

Avvertenze: tieni la muscolatura addominale moderatamente contratta durante tutto il movimento, per evitare pericolosi inarcamenti della colonna vertebrale.

SEGRETO n. 5: in ogni esercizio a corpo libero assicurati sempre di contrarre i muscoli addominali, per non correre alcun rischio d'infortunio.

Ponte (n. 2)

Assumi la posizione supina (con schiena a contatto) flettendo le gambe e appoggiando tutta la pianta dei piedi a terra. Stendi le braccia lungo i fianchi con i palmi delle mani rivolti in basso. La muscolatura del collo è rilassata, con nuca sempre in appoggio.

Solleva le anche spingendo su entrambi i talloni e sulle mani, cercando di mantenere in linea il tronco con le cosce.

Abbassa le anche fino al contatto a terra dei glutei, senza scaricare il peso del corpo. Quindi, esegui di nuovo.

Respirazione: Espira durante tutta la fase di sollevamento, inspira mentre esegui la discesa.

Elevazioni laterali (n. 3)

Stenditi sul fianco (come in foto) con le anche leggermente flesse, distendendo le gambe.

Appoggia a terra la mano all'altezza del ventre e spingendo su di essa eleva l'arto inferiore. Fermati a un'ampiezza di 30° con il tronco.

Ritorna alla posizione di partenza, senza scaricare il peso sull'arto inferiore in appoggio.

Respirazione: espira durante l'elevazione dell'arto, inspira in fase di ritorno. Coordina sempre l'esecuzione dell'esercizio con gli atti respiratori.

SEGRETO n. 6: ricordati di controllare il ritmo respiratorio e di coordinarlo con l'esecuzione tecnica di ciascun esercizio, per migliorare la qualità del tuo allenamento.

Esercizi a basso impatto per la parte superiore del corpo

Trazioni orizzontali (n. 4)

Afferra la sbarra con impugnatura larga e appoggia a terra

entrambi i piedi, mantenendo le gambe flesse per tutta la durata del movimento.

Avvicina il petto alla sbarra tirando con le braccia e tenendo i gomiti larghi con le spalle sollevate.

Estendi le braccia fermandoti a 5/10 gradi dall'estensione totale, quindi esegui di nuovo.

Respirazione: espira durante la trazione, inspira mentre scendi.

Avvertenze: tieni moderatamente contratta la muscolatura addominale e i glutei, per assicurare il corretto allineamento dal collo alle cosce. Il bacino resta sollevato per tutta la durata dell'esercizio.

Piegamenti sulle braccia facilitati (n. 5)

Posizionati sulle mani (con appoggio largo come le spalle) e sulle ginocchia, con le gambe flesse a 90°. Tieni le braccia distese nella posizione di partenza.

Avvicina il petto a terra flettendo le braccia con i gomiti larghi e sempre sotto le spalle.

Spingi sulle mani per tornare nella posizione di partenza.

Respirazione: inspira durante la discesa a terra, espira nella fase di risalita.

Avvertenze: evita o riduci al minimo ogni movimento di flessione dell'anca, per rendere l'esercizio più produttivo.

Dips con piedi in appoggio (n. 6)

Appoggia le mani sulle barre con le braccia distese e le cosce che formano un angolo di 90° sia col busto che con le gambe. I piedi rimangono sempre appoggiati a terra.

Piega le braccia, mantenendo i gomiti vicini ai fianchi, fermandoti quando le spalle arrivano all'altezza dei gomiti.

Spingendo solo sulle mani, ritorna alla posizione di partenza.

Respirazione: inspira mentre effettui il piegamento, espira nella fase di spinta verso l'alto.

Avvertenze: cerca di mantenere il busto eretto sempre, con lo sguardo rivolto avanti in linea orizzontale, al fine di rendere l'esercizio più efficace.

SEGRETO n. 7: fai attenzione alla posizione del tuo corpo quando ti eserciti; da una buona posizione dipende l'efficacia del lavoro muscolare che ti interessa.

Gli Esercizi ad Alto Impatto

Esercizi ad alto impatto per la parte inferiore del corpo

Squat libero (n. 7)

Mettiti in posizione eretta con appoggio dei piedi largo come le spalle o poco più, con le braccia distese avanti (come in foto). Lo sguardo è rivolto avanti.

Fletti le cosce fino ad arrivare alla posizione parallela, mantenendo le braccia sempre distese sulla linea orizzontale.

Spingendo sui talloni, estendi le anche fino al ripristino della posizione di partenza.

Respirazione: inspira nella fase discendente del movimento, espira durante tutta la risalita.

Avvertenze: assicurati di mantenere i talloni a contatto nella fase di discesa, per rendere più sicuro e produttivo l'esercizio.

Affondi (n. 8)

Con le mani ai fianchi e i gomiti larghi, fai una divaricata sagittale con gli arti inferiori, tenendo le gambe distese e i piedi ben appoggiati.

Fletti contemporaneamente entrambe le ginocchia fino a formare per entrambi gli arti inferiori due angoli retti fra coscia e gamba omolaterali. Lascia che il tallone del piede arretrato si sollevi naturalmente.

Spingendo sul tallone del piede davanti, effettua una risalita fino a raggiungere la posizione iniziale.

Respirazione: inspira piegando le ginocchia, espira distendendole.

Avvertenze: poni attenzione alla posizione dei gomiti e della testa durante tuta l'esecuzione per un'equa ripartizione del carico sugli arti inferiori.

Salite su panchina (n. 9)

Appoggia tutta la pianta del piede su una panchina, con le mani sui fianchi e i gomiti larghi. L'altro piede è a terra, perfettamente in linea con la spalla omolaterale.

Spingi sul tallone e sulla parte centrale del piede rialzato fino alla distensione completa dell'arto inferiore. La gamba opposta ora è flessa a 90° gradi.

Ritorna lentamente alla posizione di partenza, fino all'appoggio esclusivamente del solo avampiede, mantenendo il carico corporeo sull'arto inferiore rialzato.

Respirazione: espira durante la salita del corpo sulla panchina, inspira tornando alla posizione iniziale.

Avvertenze: inclina il busto leggermente avanti nella salita e mantienilo tale mentre torni giù, per aumentare le condizioni di equilibrio e ridurre al minimo il rischio di caduta di questo esercizio in sospensione.

Esercizi ad alto impatto per la parte superiore del corpo

Trazioni oblique (n. 10)

Afferra la sbarra con impugnatura larga tenendo in linea tutto il corpo con le gambe completamente distese e in appoggio sui talloni (piedi in dorso flessione).

Avvicina il petto alla sbarra flettendo le braccia con i gomiti larghi e sollevati. Gambe sempre distese.

Estendi le braccia fermandoti a 5/10 gradi dall'estensione totale, quindi esegui di nuovo.

Respirazione: espira durante la trazione, inspira in distensione delle braccia.

Avvertenze: vedi avvertenze dell'esercizio n. 4.

Piegamenti sulle braccia (su barra) (n. 11)

Appoggia le mani, larghe quanto le spalle o poco più, sulla barra, con braccia distese e verticali al suolo. Allinea il tronco con gli arti inferiori, a gambe completamente distese. L'appoggio inferiore è sugli avampiedi.

Avvicina il petto alla barra piegando le braccia con i gomiti larghi e sempre sotto le spalle. Mantieni tronco e arti inferiori allineati per tutto il movimento.

Spingi con le mani sulla barra per tornare alla posizione d'inizio.

Respirazione: inspira durante la discesa verso la barra, espira nella fase di risalita.

Avvertenze: tieni sempre contratta la "cintura" addominale per svolgere l'esercizio in sicurezza ed enfatizzare il lavoro muscolare.

Estensioni gomiti alla barra (o panchina) (n. 12)

Impugna la barra con le mani in presa larga come le spalle o poco meno, a braccia distese. Inclina il corpo proteso con un angolo di circa 45 gradi rispetto al suolo. L'appoggio inferiore è sugli avampiedi.

Fletti le braccia tenendo i gomiti rivolti avanti, sulla stessa linea delle mani. Mantieni il corpo proteso per tutta la sua discesa, fino alla posizione dei gomiti ad angolo retto.

Spingi sulla barra per estendere i gomiti e tornare a braccia distese.

Respirazione: inspira durante il piegamento dei gomiti, espira durante la loro distensione.

RIEPILOGO DEL CAPITOLO 2:

- SEGRETO n. 5: In ogni esercizio a corpo libero assicurati sempre di contrarre i muscoli addominali, per non correre alcun rischio d'infortunio.
- SEGRETO n. 6: Ricordati di controllare il ritmo respiratorio e di coordinarlo con l'esecuzione tecnica di ciascun esercizio, per migliorare la qualità del tuo allenamento.
- SEGRETO n. 7: Fai attenzione alla posizione del tuo corpo quando ti eserciti; da una buona posizione dipende l'efficacia del lavoro muscolare che ti interessa.

CAPITOLO 3:
Gli esercizi per Lui

Gli Esercizi a Basso Impatto

Esercizi a basso impatto per la parte superiore del corpo

Piegamenti sulle braccia (n. 13)

Appoggia le mani al suolo, larghe quanto le spalle o poco più, quindi stendi dietro le gambe fino ad assumere la posizione a corpo proteso con il petto rivolto a terra. L'appoggio inferiore è sugli avampiedi, con i piedi ravvicinati.

Avvicina il petto a terra piegando le braccia con i gomiti larghi e sempre sotto le spalle. Mantieni testa, tronco e arti inferiori allineati per tutta la durata dell'esercizio.

Spingi sulle mani per riportare il corpo alla posizione iniziale.

Respirazione: inspira durante il piegamento delle braccia, espira

durante il sollevamento.

Avvertenze: presta particolare attenzione alla posizione della testa e delle anche per favorire la corretta esecuzione biomeccanica del gesto.

Trazioni con presa inversa (n. 14)

Afferra la sbarra con impugnatura larga, palmi delle mani rivolti internamente. La posizione di partenza prevede la quasi totale distensione delle braccia, con tronco e cosce allineati. Le gambe sono flesse ad angolo retto.

Esegui una trazione flettendo le braccia e mantenendo i gomiti vicini al tronco. Il movimento di salita termina con l'arrivo del petto (o del mento) alla sbarra.

Estendi le braccia per tornare alla posizione di partenza, fermandoti a 10/15 gradi dall'estensione totale.

Respirazione: espira durante il movimento di trazione, inspira nella fase di ritorno.

Avvertenze: presta attenzione all'allineamento di tronco e cosce e al suo mantenimento costante, per ridurre l'intervento di altri gruppi muscolari nell'azione.

SEGRETO n. 8: negli esercizi a corpo libero dovrai stare molto attento a "sentire" i singoli gruppi muscolari; questo ti permetterà di ottenere il massimo risultato per quei muscoli, evitando di sprecare energie inutilmente.

Dips (n. 15)

Impugna le sbarre e con un'unica azione stendi le braccia staccando i piedi dal suolo, con gambe flesse a 90°.

Piega le braccia, mantenendo i gomiti sotto le spalle e il busto verticale. Il movimento può terminare quando le spalle arrivano all'altezza dei gomiti.

Spingendo sulle mani, ritorna in posizione iniziale.

Respirazione: inspira mentre scendi con il piegamento delle braccia, espira nella fase di spinta verso l'alto.

Avvertenze: è importante mantenere il tronco sempre verticale al terreno per dare maggiore enfasi ai muscoli motori principali per questo esercizio.

Esercizi a basso impatto per la parte inferiore del corpo

Squat (n. 16)

Mettiti in posizione eretta con appoggio dei piedi largo come le spalle o poco più. Porta le braccia flesse in alto con mani dietro la nuca; gomiti larghi in fuori.

Piega le gambe fino ad arrivare alla posizione parallela delle cosce al suolo, mantenendo lo sguardo rivolto avanti.

Spingendo sui talloni, estendi le anche fino al ripristino della posizione di partenza.

Respirazione: inspira nella fase discendente del movimento, espira durante tutta la risalita.

Avvertenze: assicurati di mantenere i talloni a contatto nella fase di discesa, per rendere più sicuro e produttivo l’esercizio.

Affondi avanti-dietro (n. 17)

La posizione di partenza è in stazione eretta, con mani ai fianchi e gomiti larghi, piedi sulla stessa linea, a larghezza spalle.

Effettua un affondo in avanti con piegamento simultaneo di entrambe le ginocchia, mantenendo il tronco eretto e lo sguardo avanti.

Esegui un affondo per dietro con la stessa gamba, sempre con piegamento contemporaneo delle ginocchia. Quindi, richiama la gamba per tornare alla posizione di partenza.

Respirazione: inspira durante il piegamento del ginocchio avanti, espira nei successivi due movimenti di estensione e affondo dietro.

Avvertenze: poni attenzione alla posizione del tronco e all'ordinazione in movimento dei due arti inferiori, per un corretto lavoro muscolare e una sicura stabilità articolare.

Calf (n. 18)

Appoggia gli avampiedi sullo specifico supporto o altro rialzo, stabilizza la posizione del corpo con gambe distese e ravvicinate.

Spingi sugli avampiedi mantenendo le gambe distese e lo sguardo avanti.

Scendi oltre la posizione di partenza con i talloni senza flettere mai le ginocchia.

Respirazione: espira durante la spinta verso l'alto, inspira nella fase di discesa.

Gli Esercizi ad Alto Impatto

Esercizi ad alto impatto per la parte superiore del corpo

Piegamenti sulle braccia (piedi su) (n. 19)

Appoggia le mani a terra con larghezza pari a quella delle spalle o poco più, quindi sistema i piedi sul supporto. Assumi la posizione di partenza per i piegamenti sulle braccia (n. 13).

Piegando entrambe le braccia, avvicina il petto al suolo.

Spingendo sulle mani, ritorna alla posizione iniziale con braccia distese.

Respirazione: inspira durante il piegamento delle braccia, espira nella fase di distensione.

Avvertenze: è un esercizio che, a causa del maggiore carico gravitazionale, necessita di una buona tenuta addominale per essere svolto in sicurezza.

SEGRETO n. 9: nel corpo libero il livello di difficoltà crescerà man mano che apprenderai nuovi esercizi a maggior carico gravitazionale. Il ruolo degli addominali sarà fondamentale per assicurarti il successo della tua azione.

Trazioni (n. 20)

Afferra la sbarra con impugnatura larga, palmi delle mani rivolti avanti. La posizione di partenza prevede la quasi totale distensione delle braccia con tronco e cosce allineati e gambe flesse ad angolo retto.

Esegui una trazione flettendo le braccia e avvicinando il petto alla sbarra.

Estendi le braccia per tornare alla posizione di partenza, fermandoti a 10/15 gradi dall'estensione totale.

Respirazione: espira durante la trazione, inspira nella fase di ritorno.

Avvertenze: vedi le avvertenze dell'esercizio n. 14.

Spinte a testa in giù (n. 21)

La posizione iniziale consiste in una verticale a testa in giù, con braccia distese e piedi in appoggio a specifico supporto o altro (parete, scala, albero ecc.).

Avvicina la fronte al suolo con un contemporaneo piegamento dei gomiti. La posizione della testa è in leggera iperestensione.

Spingendo sulle mani, distendi le braccia alla posizione di partenza.

Respirazione: inspira durante l'avvicinamento della testa a terra, espira nella fase di risalita.

Avvertenze: essendo una posizione ribaltata necessita di un buon controllo del proprio corpo e di una buona capacità di equilibrio, oltre che di un discreto livello di forza negli arti superiori.

Assicurati di avere anche una buona mobilità articolare a livello di polsi e spalle.

SEGRETO n. 10: per allenarti nel modo migliore esegui sessioni di STRETCHING, che ti aiuterà a mantenere i muscoli elastici e flessibili.

Esercizi ad alto impatto per gli arti inferiori

Squat saltato (n. 22)

In posizione eretta, con appoggio dei piedi largo come le spalle o poco più. Tieni le mani ai fianchi con i gomiti larghi. Sguardo avanti.

Fletti rapidamente le cosce fino ad arrivare alla posizione parallela o oltre.

Inverti il movimento spingendo sui talloni con forza per effettuare una potente risalita verso l'alto con fase di volo finale. Il movimento termina con l'atterraggio ammortizzato al suolo.

Respirazione: inspira nella fase discendente del movimento, espira durante la fase di spinta in alto.

Avvertenze: osserva le avvertenze dell'esercizio n. 7. Essendo un esercizio con fase di volo, necessita di un buon controllo del corpo e dei suoi segmenti in sospensione.

Squat a una gamba (n. 23)

Dalla stazione eretta con braccia distese avanti e incrociate come in foto, solleva una gamba per avanti flettendo l'anca di 15/20 gradi.

Esegui un progressivo piegamento del ginocchio dell'arto inferiore in appoggio con concomitante flessione dell'anca dell'arto sospeso. Il movimento di discesa termina con la posizione parallela al suolo della coscia, o oltre fino ad accosciata completa.

Spingendo sul tallone in appoggio, estendi l'anca fino al ripristino della posizione di partenza.

Respirazione: inspira nella fase discendente dell'esercizio, espira durante tutta la risalita.

Avvertenze: è un esercizio di notevole impegno coordinativo e di equilibrio. Richiede anche un buon livello di forza negli arti inferiori.

Affondi con salto (n. 24)

Con le mani ai fianchi e i gomiti larghi, fai una divaricata sagittale con gli arti inferiori, tenendo le gambe distese e i piedi ben appoggiati al suolo.

Piega contemporaneamente le ginocchia fino a formare per entrambi gli arti inferiori due angoli retti fra coscia e gamba omolaterali. Lascia pure che si sollevi il tallone del piede arretrato.

Inverti rapidamente il movimento con una potente spinta del

tallone del piede davanti. Segue una fase di volo con cambio di posizione degli arti inferiori, quindi il movimento può concludersi con un atterraggio ammortizzato.

Respirazione: inspira piegando le ginocchia, espira nella fase di distensione e volo.

Avvertenze: osserva le avvertenze dell'esercizio n. 17. Questo è un esercizio che sollecita notevolmente le strutture articolari della colonna (vertebre e dischi intervertebrali) e degli arti inferiori (anca, ginocchio e caviglia), presta particolare attenzione alla forma esecutiva sempre impeccabile.

RIEPILOGO DEL CAPITOLO 3:

- SEGRETO n. 8: Negli esercizi a corpo libero dovrai stare molto attento a "sentire" i singoli gruppi muscolari; questo ti permetterà di ottenere il massimo risultato per quei muscoli, evitando di sprecare energie inutilmente.
- SEGRETO n. 9: Nel corpo libero il livello di difficoltà crescerà man mano che apprenderai nuovi esercizi a maggior carico gravitazionale. Il ruolo degli addominali sarà fondamentale per assicurarti il successo della tua azione.
- SEGRETO n. 10: Per allenarti nel modo migliore esegui sessioni di STRETCHING, che ti aiuterà a mantenere i muscoli elastici e flessibili.

CAPITOLO 4:

Gli esercizi addominali

Crunch (n. 25)

Sdraiati a terra o su una panca apposita, con gambe flesse, piedi in appoggio e mani dietro la nuca.

Solleva il busto di 30/35 gradi senza sollevare i piedi, quindi ritorna in posizione iniziale.

Respirazione: espira durante il sollevamento, inspira nella fase di ritorno.

Avvertenze: esegui sempre con controllo del movimento e con espirazione forzata in fase attiva, per un intervento ottimale della muscolatura profonda.

SEGRETO n. 11: per stimolare al massimo i tuoi addominali dovrai esercitarti a espirare in maniera forzata, questo è il segreto per un addome perfetto.

Crunch inverso (n. 26)

Sdraiati a terra o su una panca apposita, con braccia distese lungo i fianchi e palmi delle mani rivolti in basso. Solleva entrambe le gambe fino alla posizione parallela.

Solleva il bacino staccando solo la zona lombare e senza flettere ulteriormente le anche. Quindi ritorna in posizione di partenza.

Respirazione: espira durante il sollevamento, inspira nel ritorno.

Avvertenze: in presenza di disturbi lombari, limita l’arco di movimento flessorio dell’anca.

SEGRETO n. 12: se hai problemi di schiena o addominali molto deboli, limita l’arco di movimento quando svolgi gli

esercizi addominali, fino a quando essi avranno guadagnato un buon grado di forza.

Crunch Obliqui (n. 27)

Sdraiati a terra o su panca apposita, con una mano dietro la nuca e l'altra lungo il fianco, con palmo rivolto in basso. Sistema di conseguenza le gambe (come in foto).

Esegui un sollevamento del busto di 35/40 gradi con rotazione del tronco progressiva, poi ritorna alla posizione iniziale.

Respirazione: espira durante il sollevamento/rotazione, inspira mentre torni.

Avvertenze: sensibilizzati all'accoppiamento dei due movimenti di flessione del busto e rotazione del tronco, per la massima efficacia dell'esercizio.

Tenuta isometrica in Ponte (n. 28)

Appoggiati sui gomiti (o sulle mani) con le braccia perpendicolari al suolo e le gambe completamente distese. Testa, tronco e arti inferiori sono in perfetto allineamento. L'appoggio inferiore è sugli avampiedi.

Respirazione: normali atti respiratori in costante contrazione addominale, con enfasi della fase espiratoria.

Avvertenze: mantieni contratti i muscoli della coscia oltre agli addominali, per garantire il corretto allineamento nella tenuta.

Iperestensioni (n. 29)

Sistemati sull'attrezzo specifico incrociando le braccia al petto (come in foto), con tratto cervicale in leggera de-lordosi.

Fletti il tronco lentamente mantenendo le gambe tese e i piedi in dorso flessione. Arresta il movimento 40/50 gradi dalla verticale al terreno, quindi ritorna alla posizione iniziale.

Respirazione: inspira durante la flessione del tronco, espira in fase di estensione.

Avvertenze: in caso di problematiche alla colonna, chiedere consiglio al proprio medico o altro professionista, prima di svolgere questo esercizio.

Addominali alla sbarra (n. 30)

30.1 Sollevamento ginocchia piegate

Afferra la sbarra con impugnatura larga e distendi le braccia. Solleva le cosce piegando le ginocchia, fino alla posizione parallela. Poi torna lentamente alla posizione di partenza.

30.2 Sollevamento gambe distese

Afferra la sbarra con impugnatura larga e distendi le braccia.

Solleva insieme gli arti inferiori distesi fino al raggiungimento della posizione parallela. Quindi ritorna lentamente alla posizione iniziale.

30.3 Sollevamento ginocchia ai gomiti

Afferra la sbarra con impugnatura larga e distendi le braccia. Solleva entrambi gli arti inferiori piegando le ginocchia a 90°. Arresta il movimento a contatto delle ginocchia con i gomiti, quindi ritorna lentamente alla posizione iniziale.

Avvertenze: gli addominali eseguiti alla sbarra richiedono notevoli livelli di forza in più distretti muscolari. Svolgi allenamenti specifici di rinforzo per arti superiori e tronco prima di intraprendere questi esercizi.

SEGRETO n. 13: rinforzare i muscoli addominali con gli esercizi a corpo libero donerà forza e potenza anche a molti altri muscoli, per un corpo più vigoroso.

RIEPILOGO DEL CAPITOLO 4:

- SEGRETO n. 11: Per stimolare al massimo i tuoi addominali dovrai esercitarti a espirare in maniera forzata, questo è il segreto per un addome perfetto.
- SEGRETO n. 12: Se hai problemi di schiena o addominali molto deboli, limita l'arco di movimento quando svolgi gli esercizi addominali, fino a quando essi avranno guadagnato un buon grado di forza.
- SEGRETO n. 13: Rinforzare i muscoli addominali con gli esercizi a corpo libero donerà forza e potenza anche a molti altri muscoli, per un corpo più vigoroso.

CAPITOLO 5:

Come allenarsi in coppia

Gli Esercizi a Basso Impatto

Esercizi a basso impatto per gli arti inferiori, gli arti superiori e gli addominali

Squat a due (n. 31)

Porsi frontalmente uno all'altro alla distanza di circa un metro, prendendosi le mani (come in foto). L'appoggio dei piedi è pari alla larghezza delle spalle o poco più.

Piegare insieme entrambe le ginocchia per eseguire lo squat (vedere descrizione dell'esercizio n. 7), quindi scegliere il giusto ritmo per tornare alla posizione di partenza.

SEGRETO n. 14: se decidete di allenarvi con un partner, dovrete esercitarvi insieme per affinare coordinazione e sintonia dei movimenti.

Respirazione: inspirazione nella fase di discesa, espirazione nella fase di spinta e risalita.

Avvertenze: particolare attenzione va posta al sincronismo dei movimenti per mantenere entrambi i propri corpi in situazione di equilibrio.

Croci su panca (con resistenza del compagno) (n. 32)

Un partner sdraiato supino sulla panca apposita (o a terra), l'altro posto dietro con le mani in presa sui suoi polsi (come in foto).

Il soggetto sdraiato effettua una chiusura delle braccia sulla linea mediana, il partner si oppone al movimento con una resistenza adeguata. Ritorno alla posizione di partenza sempre contro resistenza.

Respirazione: espirazione durante la chiusura, inspirazione nel movimento di apertura.

Avvertenze: il partner che offre resistenza dovrà prestare attenzione e sensibilità per dosare al meglio l'intensità applicata.

SEGRETO n. 15: negli esercizi in coppia ognuno dei due partner dovrà conoscere al meglio le caratteristiche fisiche dell'altro, per rendere valido il suo intervento.

Addominali con sollevamento arti inferiori (n. 33)

Il soggetto che lavora è sdraiato supino a terra con le mani in presa alle gambe del compagno (come in foto).

Sollevare le gambe e il bacino come in foto, il partner resiste alla trazione sulle gambe piegando leggermente le ginocchia. Ritorno alla posizione di partenza con velocità controllata.

Respirazione: espirazione durante il sollevamento degli arti inferiori, inspirazione nella fase di ritorno.

Avvertenze: particolare attenzione va prestata nei casi di problematiche a livello della colonna vertebrale.

Gli Esercizi ad Alto Impatto

Esercizi ad alto impatto per gli arti inferiori, gli arti superiori e gli addominali

Squat a due su una gamba (n. 34)

Porsi frontalmente e di fianco, prendendosi per mano come in foto. Staccare dal suolo la gamba esterna alla presa, con flessione dell'anca di circa 15/20 gradi.

Eseguire in sincronia un progressivo piegamento del ginocchio per eseguire lo squat a una gamba (vedere la descrizione dell'esercizio n. 23). Quindi scegliere il giusto ritmo per invertire insieme il movimento e tornare alla posizione di partenza.

Respirazione: inspirazione nella fase discendente dell'esercizio, espirazione durante tutta la fase di risalita.

Avvertenze: esercizio complesso, richiede buona padronanza dello squat a una gamba da parte di ciascuno dei due partner.

SEGRETO n. 16: negli esercizi di elevata difficoltà dovrai allenarti con un compagno/a dalle caratteristiche fisiche simili, affinché vi sia una buona riuscita degli stessi.

Dips (con resistenza del compagno) (n. 35)

Il soggetto che lavora si sistema nella posizione di partenza per i dips con i piedi in appoggio (vedere esercizio n. 6), il partner si pone alle sue spalle con le mani come in foto.

Piegando i gomiti, il partner che effettua i dips, resiste all'ulteriore spinta verso terra impressa dal compagno, che piega leggermente le ginocchia per stabilizzarsi al meglio. Ritorno alla posizione di partenza sempre contro resistenza.

Respirazione: inspirazione durante il piegamento dei gomiti, espirazione nel movimento di risalita.

Avvertenze: essendo un esercizio di notevole carico, assicurarsi di possedere un adeguato livello di forza negli arti superiori e nel tronco. Anche qui chi fa resistenza deve avere sensibilità e attenzione.

Addominali con sollevamento arti inferiori (con resistenza) (n. 36)

Disporsi nella stessa posizione dell'esercizio n. 33. Il partner in stazione eretta mantiene le braccia come in foto.

Esecuzione identica fino al contatto con le mani del partner. A questo punto il soggetto in piedi applica una spinta contraria per invertire il movimento delle gambe del partner sdraiato. Successiva resistenza di quest'ultimo e ritorno controllato alla posizione di partenza.

Respirazione: espirazione durante il sollevamento degli arti inferiori, inspirazione nella fase di ritorno.

Avvertenze: questo esercizio rappresenta una progressione d'intensità dell'esercizio n. 33, vanno perciò osservate con attenzione le avvertenze del suddetto esercizio.

RIEPILOGO DEL CAPITOLO 5:

- SEGRETO n. 14: Se decidete di allenarvi con un partner, dovrete esercitarvi insieme per affinare coordinazione e sintonia dei movimenti.
- SEGRETO n. 15: Negli esercizi in coppia ognuno dei due partner dovrà conoscere al meglio le caratteristiche fisiche dell'altro, per rendere valido il suo intervento.
- SEGRETO n. 16: Negli esercizi di elevata difficoltà dovrai allenarti con un compagno/a dalle caratteristiche fisiche simili, affinché vi sia una buona riuscita degli stessi.

CAPITOLO 6:
Come programmare l'allenamento

In questo capitolo ho voluto inserire quattro programmi d'allenamento assolutamente unici, frutto dei miei studi e della mia esperienza, suddivisi in base al sesso e all'obiettivo. Tali programmi vanno intesi come **proposte operative**, in ogni modo personalizzabili in rapporto alle caratteristiche fisiche e psicologiche.

Volume di lavoro, intensità e recuperi sono stati calcolati per la costruzione di **schede allenanti per soggetti in buono stato di salute e con un discreto livello di forma fisica**; ne consegue che una diversa condizione di partenza necessiterà di appropriate modifiche e adattamenti.

Ho scritto ognuno di questi programmi per fornirti un supporto iniziale, una linea guida che ti possa accompagnare per i primi periodi, fino all'ottenimento dei primi risultati.

In seguito sarai tu, se vorrai anche con l'aiuto di un esperto in attività motorie, che dovrai tracciare nuovi percorsi per continuare a ottenere miglioramenti e perseguire obiettivi più grandi.

Considerazioni importanti

Il successo di un programma d'allenamento dipenderà in percentuale *non* trascurabile da un fattore basilare del tuo stile di vita: **la corretta alimentazione**.

La differenza fra allenamenti finalizzati alla crescita muscolare e allenamenti per il dimagrimento non la faranno solo gli esercizi scelti e le loro sequenze in una determinata successione…l'aspetto nutrizionale e quindi, la dieta sarà fondamentale per imboccare la strada giusta verso uno o l'altro traguardo.

SEGRETO n. 17: cosa mangerai, quanto e quante volte durante il giorno, saranno elementi determinanti per trasformare un normale programma d'allenamento in un programma vincente!

In questo corso mi sono limitato alla descrizione e trattazione dei principali esercizi con i quali programmare un allenamento, ma dovrai ricordarti di quanto detto sopra, se vorrai vedere RISULTATI EFFICACI!

I quattro programmi d'allenamento sono:

- Programma **Fianchi e Gambe Snelle**: una scheda di esercizi ideale per la donna che vuole perdere peso in eccesso, ritrovare il peso forma e ridurre gli inestetismi come ritenzione idrica, cellulite, gonfiore;
- Programma **Tono e Forma**: una scheda di esercizi ottimizzata per la donna che ha bisogno di rassodare e vitalizzare le sue forme, migliorando la sua silhouette e aumentando il suo benessere fisico;
- Programma **Ventre piatto**: una scheda di esercizi per l'uomo che ha necessità di eliminare il grasso superfluo, che tipicamente tende ad accumularsi nella zona addominale. Oltre a migliorare la sua estetica, contribuirà a mantenere in buone condizioni il suo sistema cardiovascolare e respiratorio;
- Programma **Forza e Massa**: una scheda di esercizi mirati allo sviluppo della massa muscolare e che aiuterà l'uomo a

costruire e modellare il suo corpo, dandogli più vigore e forza.

Programma "**Fianchi E Gambe Snelle**"

Esercizio	**Serie/Ripetizioni**	**Pausa**
Riscaldamento generale	5'/10'	
Squat	3 triset x 15	-
Crunch	20/30	-
Ponte	15/20	30''/1'
Corsetta/Bicicletta	5'	
Salite su panchina	3 triset x 10+10	-
Crunch inverso	15/20	-
Iperextension	15	30''/1'
Corsa sul posto/Cammino veloce	5'	
Slanci quadrupedia	3 triset x 15+15	-
Crunch obliqui+isometria in ponte	30+30''	-

Elevazioni laterali	20+20	30''/1'
Trazioni orizzontali	2/3 x 10	1'
Piegamenti braccia facilitati	2/3 x 10	1'
Corsetta/Camminata veloce/Bici	15'/30'	
Defaticamento generale		

Programma **"Tono e Forma"**

Esercizio	**Serie/Ripetizioni**	**Pausa**
Riscaldamento generale	5'/10'	
Circuito per 3 volte:		
Corsetta sul posto/Camminata	3'	
Crunch	20/30	-
Trazioni orizzontali	8/10	-
Slanci quadrupedia	15+15	-
Crunch inverso	20/30	-
Piegamenti su braccia facilitati	8/10	-
Elevazioni laterali	15+15	-
Crunch obliqui	30/50	-
Dips piedi in appoggio	8/10	-
Ponte	20	-
Tenuta isometrica in ponte	30''/50''	3'

Defaticamento generale		

Programma "**Ventre piatto**"

Esercizio	**Serie/Ripetizioni**	**Pausa**
Riscaldamento generale	5'/10'	
Circuito per 3 volte:		
Corsetta/Salto alla corda	3'	
Piegamenti sulle braccia	10/12	-
Squat libero	20/25	-
Trazioni con presa inversa	10/12	1'
Circuito per 3 volte:		
Corsetta/bicicletta	10'	
Sollevamento ginocchia	10	-
Crunch	20	-
Iperestensioni	15	-
Crunch Obliqui	30	-
Sollevamento ginocchia/gomiti	20	1'
Corsetta	10'/20'	
Defaticamento generale		

Programma " **Forza e Massa**"

Esercizio	**Serie/Ripetizioni**	**Pausa**
Riscaldamento generale	5'/10'	
Crunch	3 x 30	1'
Crunch inverso	3 x 20	1'
Iperestensioni	3 x 20	1'
Squat a una gamba	3 superset x 6/8	-
Squat saltato	5/6	2'
Piegamenti braccia su rialzo	3 superset x 6/8	-
Dips	max	1'30''/2'
Trazioni	3 superset x 6/8	-
Trazioni con presa inversa	max	1'30''/2'
Corsetta	5'/15'	
Defaticamento generale		

Legenda Programmi

SERIE	È una singola sequenza di ripetizioni svolte di fila.
RIPETIZIONE	Singola esecuzione da una posizione di partenza a una di arrivo e ritorno.
TRISET	È una sequenza di tre esercizi svolti consecutivamente, senza pause.
SUPERSET	È una serie composta da due esercizi senza soluzione di continuità.
PAUSE	Sono i tempi di recupero fra una serie e la successiva (indica che non c'è alcun recupero).
CIRCUITO	Sequenza multipla di esercizi in successione senza recupero o con brevissime pause, da ripetere per il numero di volte indicato in scheda.
RISCALDAMENTO GENERALE	Insieme di esercizi a bassa intensità per attivare e preparare

	l'organismo al lavoro.
DEFATICAMENTO GENERALE	Rilassamento muscolare e organico a conclusione dell'allenamento.

Consigli d'uso dei Programmi

Prendi visione dei seguenti **consigli operativi** per ottimizzare la messa in pratica del tuo programma:

1. *Calcolo del numero di ripetizioni:* il numero di ripetizioni che ho indicato nei quattro programmi è idoneo per soggetti che possiedono già una discreta forma fisica. Se noti difficoltà o impossibilità a terminare la serie di uno o più esercizi, annota sul tuo diario di allenamento le ripetizioni che riesci a fare correttamente per quell'esercizio.

   Lo stesso vale per le persone più allenate, che dovranno aumentare il totale delle ripetizioni o sostituire gli esercizi con altri più impegnativi. In ogni caso, ricorda sempre che **ogni serie va completata con tecnica esecutiva corretta**.

   Ogni volta che la forma diventa scadente, interrompi subito la serie e verifica le condizioni, modificando se necessario i parametri.

In sintesi, il numero totale di ripetizioni in una serie deve essere:

- **nei programmi finalizzati alla perdita di peso (uomo e donna)**, in grado di affaticarti moderatamente, senza costringerti a recuperi oltre trenta secondi;
- **nei programmi finalizzati allo sviluppo del tono e della massa muscolare(uomo e donna)**, in grado di esaurire temporaneamente le tue energie, obbligandoti a recuperi più lunghi, anche oltre il minuto e mezzo.

2. *Calcolo dell'intensità del lavoro aerobico:* dovrai svolgere esercitazioni come la camminata a passo veloce, la corsa, la pedalata in bicicletta, il salto della corda o altre attività appartenenti alla categoria degli **esercizi a impegno aerobico**.

SEGRETO n. 18: dovrai svolgere sessioni di potenziamento aerobico, sia che tu abbia scelto il programma "dimagrante", sia che tu abbia deciso di "mettere su massa".

Gli esercizi a impegno aerobico hanno, infatti, sia la caratteristica di essere il mezzo ideale (se svolti a una certa intensità e per una durata programmata a priori) per aumentare la spesa energetica dell'organismo (volgarmente possono essere chiamati "brucia-calorie"), sia la capacità di stimolare in modo importante gli apparati cardiocircolatorio e respiratorio, il cui corretto mantenimento è la chiave per la conservazione della nostra salute.

Quel che sarà diverso, a seconda che tu voglia allenarti per dimagrire o per aumentare il peso, è **l'intensità di lavoro aerobico** in battiti/minuto **(I/bpm)**.

Un buon riferimento per essere sicuri di svolgere il condizionamento aerobico più idoneo all'obiettivo, è il **controllo della frequenza cardiaca allenante**.

Un cardiofrequenzimetro potrà semplificarti le cose ma anche in sua assenza, potrai comunque risalire ai battiti del tuo cuore con i metodi classici di rilievo della frequenza cardiaca (polso carotideo o radiale).

SEGRETO n. 19: variare l'intensità di lavoro aerobico è la chiave per concentrarsi su un obiettivo piuttosto che su un

altro.

Conoscere la tua **frequenza cardiaca massima (FCmax)** teorica sarà l'ulteriore passo che ti permetterà di dare un valore numerico concreto anche alla tua sessione aerobica, attraverso il calcolo della % allenante, in questo modo: **FCmax=220-età I/bpm=FCmax · % allenante**. Consulta la tabella sottostante per trovare il tuo personale stimolo allenante in base al tipo di lavoro svolto.

Persona fuori forma fisica (principiante)	**60%-70% della FCmax**
Persona in media forma fisica (intermedio)	**65%-75% della FCmax**
Persona in forma (avanzato)	**70%-85% della FCmax**

Il mio personale consiglio, se ti stai avvicinando soltanto ora all'attività fisica e sei un sedentario fuori forma, è di iniziare gli allenamenti aerobici con le percentuali d'intensità più basse oppure basandoti sul tuo soggettivo sforzo percepito.

L'intensità più giusta per te sarà quella che ti permetterà di protrarre il lavoro per il tempo indicato, senza che si verifichino particolari situazioni di fatica (affanno, perdita di lucidità, nausea).

Come vedi sono consigli molto semplici e facilmente applicabili. Seguili per ottenere il massimo dai tuoi sforzi!

RIEPILOGO DEL CAPITOLO 6:

- SEGRETO n. 17: Cosa mangerai, quanto e quante volte durante il giorno, saranno elementi determinanti per trasformare un normale programma d'allenamento in un programma vincente!
- SEGRETO n. 18: Dovrai svolgere sessioni di potenziamento aerobico, sia che tu abbia scelto il programma "dimagrante", sia che tu abbia deciso di "mettere su massa".
- SEGRETO n. 19: Variare l'intensità di lavoro aerobico è la chiave per concentrarsi su un obiettivo piuttosto che su un altro.

Conclusione

Bene, sei arrivato alla fine di questo corso: ora hai con te le conoscenze che ti servono per cominciare questa nuova ed entusiasmante attività fisica di fitness all'aria aperta. Tieni a portata di mano questo corso e consultalo periodicamente, per variare il tuo programma di allenamento. Inoltre, se sei un neofita in questo ambiente, ti suggerisco di farti seguire nel primo periodo di pratica da una persona esperta in materia, che possa supervisionare la tua tecnica e adattare al meglio il programma al tuo profilo. Mi sto ripetendo, lo so, ma lo ritengo doveroso al fine di rinforzare l'importanza e il valore di un movimento programmato e sicuro per la salute.

Appena sarai più esperto/a potrai divertirti ad apportare piccole modifiche per rendere più fantasiosi e accattivanti i tuoi allenamenti, sfruttando eventualmente attrezzature che il tuo parco offre e che io non ho menzionato. Se vorrai scrivermi le tue opinioni, i tuoi dubbi o darmi suggerimenti e consigli, sarò lieto di riceverli al mio indirizzo e-mail: imtrainingrimini@gmail.com. Ho allestito una pagina Facebook in cui potrai trovare informazioni e aggiornamenti sull'allenamento a corpo libero e conoscere meglio la mia professione, oltre che condividere questa nuova passione con tante altre persone iscritte. Saprai così in anticipo quando usciranno le mie prossime pubblicazioni online.

Se abiti a Rimini o nelle vicinanze, ti potrà interessare per esempio quando verranno organizzati eventi come allenamento di gruppo nei parchi, giornate formative con seminari e attività ludico-sportive all'aria aperta, vere e proprie occasioni per tenersi in forma e socializzare insieme. Anche se non riuscirai a raggiungerci per l'eccessiva distanza o altri motivi, potrai comunque metterti in contatto con me per proporre eventi nel luogo dove vivi; se sarà possibile organizzare una trasferta sarò molto felice di venire a conoscerti.

Ti saluto e ti auguro BUON FITNESS ALL'ARIA APERTA!

Mauro Iorio

www.ingramcontent.com/pod-product-compliance
Ingram Content Group UK Ltd.
Pitfield, Milton Keynes, MK11 3LW, UK
UKHW022016190726
13853UKWH00005B/1961